AF276235

MADRIGUERA

MADRIGUERA

JUANA MORIEL-PAYNE

Valparaíso
EDICIONES

Número 517 de la Colección VALPARAÍSO DE POESÍA
dirigida por FEDERICO DÍAZ-GRANADOS

Diseño de colección y portada: Chari Nogales
Maquetación: Carlos Henson

Primera edición: septiembre de 2025

© De los poemas: Juana Moriel-Payne
© Imagen de portada: REA_Sunra

© Valparaíso Ediciones
C/ Fray Leopoldo, 7 bajo, 18014 Granada
www.valparaisoediciones.es

ISBN: 979-13-87538-77-4
Depósito Legal: GR 1171-2025

Impreso en España - *Printed in Spain*
Gráficas Gami

Cualquier forma de reproducción, distribución, comunicación pública o transformación de esta obra solo puede ser realizada con la autorización de sus titulares, salvo excepción prevista por la ley. Diríjase a CEDRO (Centro Español de Derechos Reprográficos) si necesita fotocopiar o escanear algún fragmento de esta obra (www.conlicencia.com; 917021970 / 932720445)

El papel utilizado para la impresión de este libro está calificado como papel ecológico y procede de bosques gestionados de manera sostenible

MADRIGUERA

Para Johnny Payne
quien cree
en la poeta

As when a rabbit gives birth in a shallow depression in the ground,
among underbrush, a hollow about the size of a woman's hand,
this nest covered with soft grasses and lined with tufts
of the mother rabbit's fur, her kits lie half-hidden from view,
these offspring having a definite shape,
perhaps to be glimpsed by a passerby,
who cannot immediately make out
what life form lies there— so do poets discern
a word-object taking shape in the inner mind.

JOHNNY PAYNE

Como cuando una coneja da a luz en una madriguera apenas escarbada,
entre la maleza, una cuenca del tamaño de mano de mujer,
este nido cubierto de hierbas suaves y forrado de mechones
del pelaje de la madre coneja, sus gazapos yacen medio ocultos a la vista,
teniendo estas crías una forma definida,
tal vez para ser vislumbrado por alguien pasajero,
que no puede distinguir inmediatamente
qué forma de vida yace allí — así disciernen los poetas
una palabra-objeto que toma forma en la mente interior.

JOHNNY PAYNE

FRONTERIZA/BORDER WOMAN

The U.S.-Mexican border es una herida abierta
where the Third World grates against the first and bleeds. And
before a scab forms it hemorrhages again, the lifeblood of two
worlds merging to form a third country- a border culture.
BORDERLANDS/LA FRONTERA, GLORIA ANZALDÚA

La frontera entre Estados Unidos y México es una herida abierta
donde el Tercer Mundo choca con el Primero y consigo mismo,
y sangra en ambos lados. Y antes de que se forme una costra,
vuelve a sangrar, fusionándose la savia de muchos mundos
para formar, también en el otro lado mexicano, una cultura
fronteriza en eterna transición.
TRADUCCIÓN Y REESCRITURA DE JUANA MORIEL-PAYNE

YO TAMBIÉN SOY BORDER WOMAN

pero del otro lado
de la sombra al borde
      —donde los perros callejeros husmean basuras y cuerpos
  ejecutados en las calles
       bajo la mirada fría de un búho,
         un triste fantasma precolombino ya extinguido—
que ha sido   tal vez desde El Principio
        cuando Dios creó el cielo y la tierra,
    —O desde que Hunahpuh and Xbalanque nos regalaron el sol y la
  luna—
la tierra tenebrosa.

SOY TAMBIÉN LA CRUZA

de fronteras   La Nueva Galicia y La Nueva Vizcaya,
            —Tierras de Guerra a Sangre y Fuego—
de una orilla del vestido colonial que aún viste México,
uno que pretende ser nuevo y que es
de un verde que te quiero
verde terciopelo rematado con sedoso brocado italiano,
pero que en realidad es un vestido tan
tan arcaico y tramposo como La Reconquista;
un vestido ultrajado y roto de donde salieron los desdichados
   adelantados atraídos,
como Doña Blanca,
por el delicioso olor a oro y plata,
y la sangre norteña del Chichimeca,
la que pisaron y esparcieron,
—durante tétricas guerras con los indígenas bárbaros del norte—
la sangre con la que trazaron el Camino de la Muerte allá,
arriba, cruzando el río,
atrás sus botas faltas dolientes
y bajo el cielo norte,
desde entonces,
sombrío,
pardo,
como la piel de muchos de nosotros,
y desde entonces incitando   la imprecisión
de una franja forjada en la barbarie;
en la tierra tenebrosa.

FRONTERIZA TAMBIÉN SOY

sur al Río Bravo,
el río de los Mansos que Oñate proclamó para Fernando II de
   España,
cuando La Toma,
cuando el inicio después del inicio
                     —como el amor después del amor—
seguido por un sermón aburrido y un pan duro,
prolongado con un disimulo, una teatralidad,
un verdadero empobrecido sainete,
y un banquete luego a base de pescado fresco del Río Bravo,
en aquellos tiempos saludable,
y conejos salvajes y gansos y aire fresco y fuego y
perfecta armonía
para el simulacro de El Primer Día de Gracias,
sí, en estos lares que,
quizás Coronado y Álvar Núñez Cabeza de Vaca previamente
   visitaron,
pues los indios Mansos ya sabían hacer el signo de La Santa Cruz,
en el nombre del Padre del Hijo y del Espíritu Santo, Amén.
Bienvenidos, Mi casa es su Casa
en la tierra tenebrosa.

SOY NOVA MESTIZA

Los atravesados live here: the squint-eyed, the perverse, the queer,
the troublesome, the mongrel, the mulato, the half-breed, the half
dead…/ Aquí viven los atravesados: el bizco, el perverso, el raro,
el problemático, el mestizo, el mulato, el mestizo, el medio muerto…
BORDERLANDS/LA FRONTERA, GLORIA ANZALDÚA

ya sobrematizada con la sangre de la raza vencida de lenguas extrañas;
una sangre enríobravada en las fosas comunes de los atravesados,
   de libres y esclavos indios
Mansos, Sumas, Janos, Julimes, Conchos, Apaches, Piros, Tiguas
y muchos más belicosos Chichimecas que se levantaron contra los
   gachupines,
los que llegaron con la figura del Apóstol Santiago de Matamoros
para matar y dominar,
a falta de Moros,
a los indios Chichimecas a lo largo y ancho del Río Bravo,
en esos tiempos ya pintado con la sangre impura
de avergonzados castizos, mestizos, zambos, apiñonados, coyotes,
   lobos, cuarterones,
cambujos y muchas más castas,
los hijos ilegítimos de libres y esclavas
indias y negras
mujeres mulatas, de las coyotas
que siguen aullando por la ausencia
de sus indomables, insurgentes, revolucionarios hijos
en noches de luna llena;
una progenie nacida y fallecida
en la tierra tenebrosa.

SOY MEZCLA

de El Desierto de Chihuahua,
de Ciudad Juárez, la cuna de la Revolución Mexicana
que solo nos dejó un signo de interrogación en las caras.
Soy una mezcla que vestía de domingo y seguido atendía misa
en la primera misión en el área de Ciudad Juárez-El Paso
                          —La Misión de los Mansos,
                        después la Misión de Nuestra Señora de
   Guadalupe de los Mansos,
                      la Madre Iglesia de El Paso del Norte—
así como por muchos años atendieron
los Piros, Sumas, Janos, Tiguas, Tompiros, Apaches, Jumanos
y muchos otros grupos locales que vivían allí desde
siempre,
desde el sol y la luna y las estrellas.
Con un vestido de segunda mano lavado y planchado,
iba yo —la mezcla— con mi madre y hermanos a celebrar
Miércoles de Ceniza y Sábado de Resurrección y Domingo de
   Ramos para,
una vez libres de inocentes pecados,
beber champurrado en el Mercado Cuauhtémoc,
mientras mirábamos danzar a los Matachines
con sus coloridos penachos y sonajas,
La Danza del Venado y después,
ya todos cansados, adormilados,
y manchadas las ropas con dulces delicias,
esperar el autobús frente al Cine Plaza para ir a casa
a la tierra tenebrosa.

SOY RÍO BRAVA WOMAN

que nació preguntándolo todo
como en Primero Sueño, como Sor Juana *(como la vaporosa*
  sombra fugitiva que todo lo quiere saber)
en la falda del río que,
desde hace mucho tiempo,
ya no es grande,
ahora es seco.
                    —oh, ironía—
Soy Río Brava Woman en zona patriarcal
siempre queriendo saber
cómo—cuándo—qué—quién—dónde—por qué— y para qué.
Soy Río Brava Woman que hubo de esperar
para encontrar respuestas pues
nació en un sueño
denso,
no precisamente placentero,
                        (de negros vapores que intimidaban)
en la deslibrada —de libros desprovista—
tierra tenebrosa.

SOY RÍO GRANDE WOMAN

por mis tercos padres
y su renuencia a seguir la llamada del Bracero Program
que sus respectivos padres sí siguieron,
por su renuencia a seguir después la inmigración ilegal,
la peregrinación en boga motivada por voces insinuosas
"Venir to the United States you all dumb, dirty, lazy, vicious
    Mechicans,
we need you to harvest our tierritas and clean our casitas!
Así,
la terquedad de mis padres me dio un alma que grita en la lengua de
    Cervantes,
que habla en español,
escribe en español,
y que sí sabe a dónde las tildes van.
Y en español con tildes y ñ y con r con r cigarro
yo, la Río Grande woman, sigo soñando el sueño de las luces en un siglo
en la tierra tenebrosa.

SOY TRANSFRONTERIZA

a fuerza de cruzar durante mi sueño con las luces
                              —sólo Dios sabe cuántas veces—
al otro lado,
a El Paso City,
la hermana de nuestra Ciudad Juárez,
la *gringa sister*,
nuestra hermana la rica,
pero al final la *not-so-lucky sister*
pues un oportunista,
un joven inglés ignorante de toda moral
la arrancó de las débiles manos de un nuevo mexicano confundido,
y la asaltó,
la adoptó,
la limpió,
y la reinventó,
"*Say cheese and smile for the picture pretty woman*,"
lejos de la tierra tenebrosa.

SOY AMALGAMA

que en espera vivió
el arribo de libros que pudieran contestar
las innumerables preguntas que revoloteaban en la almohada, la
    casa, el vecindario.
Algunas veces estática   *(Y en la quietud contenta de imperio silencioso)*
y otras osada *(con el aliento denso que exhalaba)*
en aquel aislado desierto *(de nocturnas aves/tan oscuras/tan graves)*
habitado por espinas y liebres que Dios pasó de largo
y albergue de murciélagos y otras crepusculares criaturas *(hijos de*
    las sombras)
que en círculos también cuestionaban el paradero de mis
    respuestas,
crecí,
dejando una pregunta grabada en la pared de adobe de una casa
    en la esquina de la calle,
      —donde esperaba el autobús para llevar comida a mi padre,
            para acompañar a mi madre al mercado,
            para ir a la catedral los Domingos de Ramos,
            o al parque El Chamizal los días de Pascua,
            o a El Paso a comprar novedades de a dólar-
¿Hasta cuándo? La pregunta grabada en una pared
en la tierra tenebrosa.

SOY POST FRONTERIZA

ya en la geográfica y temporal distancia,
ya con estudios doctorales en la mano
      —solo porque Dios es muy grande—
como fantasma he regresado
varias veces a la pared de adobe
en la casa en la esquina de la calle,
      —ahora mis ruinas circulares—
no para esperar el autobús que me llevaría al centro de la ciudad, a
    la escuela secundaria,
a la universidad, o a una inútil fiesta,
sino para tantear la aseveración popular,
"no hay mal que dure cien años ni loco que lo aguante."
Aunque ya no exista el yeso de la pared donde la pregunta grabada
    estaba,
y solamente el abobe fue percibido
    (una historia —ahora vista— diferente en forma si afrentosa
    transformada)
bajo la mirada omnisciente de nuestra ciudad hermana y su país de
    tez blanca
(y la mirada fría de un búho)
con una mente ya habitada por unos cuantos libros
(pero aún temiendo en la tiniebla),
animada por el último golpe del viento polvoriento
(el triste son intercadente de la asombrosa turba silenciosa),
y asegurándome a mí misma
que yo también soy una *Border Woman,*

continúo entreteniendo en la mente
la misma pregunta que con el yeso cayó

                              —¿Hasta cuándo? —

en la tierra tenebrosa.

CULPAS

This is her home/ this thin edge of/barbwire.
Esta es su casa/ este delgado borde de/ alambre de púas.
BORDERLANDS/LA FRONTERA, GLORIA ANZALDÚA

POR SU CULPA

Conforme camina una mujer desnuda abandona el caserío.

El viento peina sus cabellos anudados quedan sobre la mesa.

No sabe a dónde pero va sin volver la vista al tendedero
donde solo queda el vestido que al amanecer dejó colgado.

POR TU CULPA

Desciendes de una rama que tu progenie sembró junto a este río.

Ellos llegaron queriendo ser otra vez los primeros
 y sembraron gracias a la fuerza de los higos.

Pero ya nada importa por eso viento sequía por eso arena.

Porque cuando Él pidió una palabra a tu padre
hundido en la rotura del vestido de tu madre y ella
con la boca llena se quedó callada
condenó tu estirpe al exterminio
dándole a él una serie de caminos y a ella
una casa y el vestido de lunares mudos que ahora cuelgas.

POR MI CULPA

Del que fuera mi vestido
el sol se llevó cielo lunares e hilos.

Podrido se dispersa se columpia de la cuerda
como intentando hilvanarse en vano.

Un grupo de cuervos ha llegado.

Algunos se posan a su lado se aproximan a los hombros
asidos por dos broches carcomidos.

En vuelo pican el busto plano bajan la cintura van al vientre
intentan hacer nido atraídos por el persistente olor a higo abandonado.

Punzando agrandan la rotura por la que se colaron alacranes piedras
    y salitres.

Dos piadosos lo desatan
lo que queda de mí cae
yace bajo el aleteo
sobre la sombra rala.

POR NUESTRA CULPA

Abunda la arena entra por las ventanas sale por las puertas
llevándose hombres tiernos entre las piernas.

*

En la mesa donde se concibió y envasó anómalos frutos
todas gritamos adioses y esperamos.

*

Las mozas esconden un higo entre las trenzas por si acaso.

*

Aúllan las longevas cuando duermen.

*

Las otras insomnes se bañan a diario para diluir
el olor a fruto que el resto —las penitentes— conservamos en la
alacena.

*

En nuestro pueblo las casas se agrandan con los que reemplazan a los muertos.

ANOTACIONES DOMÉSTICAS

EXPRESIÓN

La tarde aferrada a la cocina
afuera amanece
la olla al vapor
cuece sin sal ni romero
sopa de letras caen
del techo cuarteado
con el cierre de la puerta
las vocales
todas abiertas
por miedo
por vergüenza
ahogan una O que quiere ser A
en un abecedario carente de Ñ
la palabra claroscuro se revuelve.

ENCARGOS

Las mujeres de mi casa
tejen trenzas largas que enamoran
abren vientres que conciben
cuidan senos que amamantan.

Por encargo del instinto
siembran los ombligos de sus hijos en el patio
—*para que se queden, para que no se vayan*— cantan
mientras riegan los geranios
            lavan el ropaje de las cunas
            bañan las criaturas del mañana.

Del mercado a la estufa se hacen tristes
al alba sirven cafés sabor amaneceres
despiden hombres y mujeres sur al río
y regresan cantando soledades a sus mesas.

Las mujeres de mi casa van muriendo
llaman a los hijos, a las hijas del pasado
—*para despedirnos, para besarlos*—ruegan

Algunos cruzando
regresamos norte al río
escarbamos nuestros patios
para encontrarnos el ombligo
para hallarnos solos, solo
con las piedras que cargamos.

ANOTACIONES DOMÉSTICAS

Hilda Ramírez de Gutiérrez llega al puente internacional Santa Fe a las seis y media de la mañana. Se une a la línea de gente que espera, y ni la ambulancia, ni los paramédicos que llegan para aliviar el ataque de asma a su amiga Rosa, la hacen regresar. Tampoco el viento que le golpea la cara con 3 grados centígrados.

Hilda lleva pañuelos en la bolsa. Antes, si le pedían uno, lo daba. Ya no, mucho menos a los hombres ¡Cabrones! Creen que si una mujer, fuerte como ella, les da un pañuelo, quiere cama. Por eso ya no habla con nadie en la línea y cuando llega frente al oficial, solo responde a lo que le preguntan, "¿qué traes en tu *bag*?" "Toallas sanitarias"

Hilda camina hasta la camioneta que por dos dólares la lleva a la casa donde le toca hacer la limpieza. De todas prefiere esa, la que tiene un estanque. A la hora del almuerzo se sienta al frente y con el caer del agua y los peces nadando casi se olvida de sus deudas, las que se echó encima cuando pagó el secuestro de su nieto y el funeral de su hermano asesinado en plena avenida Insurgentes.

Hilda lava y plancha ropa ajena como ella, a esa casa de la que no quiere salir. Es tan tibio el ambiente, el sol entra por la ventana de la cocina, mientras lava los platos y toma un té de menta que corta del macetero. Debe terminar a las cuatro de la tarde, pero estira el día. Riega las plantas, lustra el trastero, ordena los libros, acomoda las persianas, busca más quehacer.

Hilda anda por la calle El Paso a las cinco y media de la tarde, con bolsas llenas de encargos: cereal, crayones, golosinas, shampoo y acondicionador y dos galones de jugo de manzana que compró por último en la tienda del dólar, mientras se repite que es fuerte, lo dicen hijas, nietos y el marido, quien la espera del otro lado con cara de hambre. Cuando ella sube al coche, él le asegura que es bien chingona y que tiene antojo de tortillas de harina para la cena.

ENTRE SEMANA

estar sentada al borde
de la acera frente a casa
con traje sastre y sandalias
no es extravagancia.

Atar dos ligas al cabello
cobrizo de tanto estudiar
las señales en ruedas:

de los autos pueden saltar
monedas de oro como langostas
del asfalto surgir violetas africanas
o salir volando un pato a *l'orange*.

Gafas de sol tardío el cielo
gira de azul a gris humo el milagro
de llover sólo en esta esquina
exprimiría las pestañas

—colgaría las medias—

sería toda una faena entrar
a casa por el paraguas.

VÁLVULA DE ESCAPE

Atrapada tarde de lavoplatos

dos burbujas sublevadas

a la ventana sitiada

al calor arena

a la sombra sur   devaneo   una pecera

cuadriforme armonía

granito   alga   escama   coral

acuosos pestañeos multiplican

dos por cuatro cócteles al ocaso.

JORNADA

Al subir la escalera me duelen.

Los pies de la vecina en la cocina.

Hierven lentejas y una pizca de cilantro cae al piso.

De linóleo idéntico al de mi departamento más limpio.

En casa de mi madre y en la que fue mía.

Una puerta que no quieren abrir mis hijos.

Me esperan sin tender las camas.

Sucias las cazuelas por más menos entre.

Gritos de tareas matemáticas.

Alto.

Me detiene un dejo.

Sopla a mi falda a las cinco y media de la tarde el deseo.

Gritar al nuevo vecindario que es octubre.

Que las golondrinas vuelven.

Que en la esquina de mi balcón.

Hay un nido.

PENSAMIENTOS EN FLOR

Después del deshielo
tibia mañana de olvido,
un café
un sombrero
al patio planto flores
de nombre Pensamientos
de apellido Coloridos.

El perro no ha comido
El coche está averiado
La película vencida
No hay leche en la nevera
Lleno el bote de basura
El patio del vecino
Y el vecino que me mira
Y el vestido de la niña
Y la junta en el colegio
Y los guantes
Y el agua
Y la sed
del mediodía.

El sol me pilla
entre el violeta azul y blanco.
Dios, por poco me olvido
de tres pensamientos amarillos:
él se ha ido
él se ha ido
él se ha ido.

ADOLECIENDO

deja de ser
Jazmín al borrarse
el maquillaje, sudor, lengua
de hombre alcoholizada
en el autobús
al ponerse el gafete es
Marta Ramírez   operadora
lleva quinientos pesos en la bolsa
por cuarenta horas
semanales para renta y servicios
más quinientos que recibe
en la esquina de la plaza
por dos horas extras de motel
podría, sí, podría comprar
lentes de sol, sandalias, perfumes
o el CD del conjunto Primavera
para guardarlo en su mochila rosa.

Frente al aparador las luces
de la avenida Juárez y el letrero
FARMACIA a donde entra Marta
sale rumbo a la estación cargando
un paquete de toallitas húmedas para bebé
tres frascos de fórmula infantil Enfamil
50 pañales desechables marca "patito"
tamaño mediano chupando
una paleta tutsie pop sabor a fresa.

SENDA AZUCARADA

ADENTRO TODO resultaba extraño.
Salió por la ventana.
Nadie se dio cuenta.
Sobre su cama dejó sin fines de rumores,
montones de manos,
y una frazada de lágrimas.
AFUERA DOS risas familiares salieron a su encuentro,
y la tomaron de las manos.
Fueron tras un camino de hojaldre
bajo los rayos de un sol caramelo
que no supo dar razón del tiempo.
SEIS ZAPATOS BLANCOS de charol avanzaban a la encrucijada.
Hablaban del patio y de la casa,
de pelotas y muñecas,
de galletas y de leche.
TRES VESTIDOS de lino blanco llegaron abrazados.
La del vestido más pequeño adivinó de inmediato su camino,
abrió la puerta a un pasillo amarillo mantequilla,
y tomó las manos familiares.
JUNTAS RESBALARON con los tres vestidos blancos
llegaron amarillos hasta una casa de manzana
con tejado de rajas de canela
y ventanas de dulces mentolados.

LAS TRES HERMANAS cambiaron el lino al algodón color cielo,
Se reunieron en el patio,
jugaron a pelotas y a muñecas,

y mojaron las galletas en la leche
bajo el sol caramelo
que seguía sin saber del tiempo.

LANDMARK

1

Por unos pesos   doña Virginia viuda de González   con delantal
  añejo sellado a su figura
encorvada tal estatua bronceada   en la plaza informa direcciones.
                                        Por billetes cuenta alegre
historia
de la ciudad y de pilón   la suya resumida   en matrimonio a los
  quince forzado   por llegar tarde con su difunto de su primer fiesta.

2

Campanas a las doce del mediodía.   Una rubia con libro en mano se
  le acerca.
  —¿Qué pasar in la catedral?
—Un casorio distinguido de domingo.
La extranjera revisa páginas. Guarda el diccionario en su bolso.
—¿Esto ser el amorr?

3

Las palomas pican el arroz.

4

Las mujeres van y vienen con sus bultos.

5

Los jornaleros descansan en las bancas.

6

El paletero grita ¡paletas!

7

Los niños suben y bajan del quiosco.

8

Doña Virginia repasa las roturas del delantal.

9

La turista se va.

RUMORES

Me gustas cuando callas porque estás como ausente
Y me oyes desde lejos, y mi voz no te toca
Parece que los ojos se te hubieran volado
Y parece que un beso te cerrara la boca….
PABLO NERUDA

A los hombres nerudianos les comió la lengua el gato
las mujeres   calladas   ausentes   ¡se les escaparon!

Ahora construyen sus propias moradas
con adobes paredes de sangre   papalotes por techos   mesas de letras
camas con ojos directos a la ventana de bocas abiertas y lenguas sueltas.

Ahora ellos (los nerudianos) andan por la calle disgustados
  —ellas no les avisaron—   preocupados   —ni los invitaron—
por no encontrarse en las cosas confundidos   van
hambrientos   hartos de la misma dieta   y muy tristes
a su Dios ruegan   que un milagro se las traiga de vuelta.

ME LLAMAN REMEDIOS

por mis rondas
de luna   de viento   de lluvia y lodo
madre con paso incierto
                    un llanto enfermo
                    en mi cabeza mojada
            oscura   la calle
                        la pregunta
                        la premura
                        la llegada
            llevar a casa la cura
            para una noche
            de cuna callada.

MAÚLLOS

En estas calles, los autos son hormigas de alacena para el postre.
En la casa enmascarada a falta de tendedero y columpio para la nena
que juega en el parque con el perro del vecino lleno de azúcar,
    mientras su hermano
practica la pelota y su madre cocina pollo en champiñones por teléfono,

sin mencionar las flores sedientas en las macetas, rodeadas de zapatos
que las casas histéricas —a falta de árbol— quisieran botar porque no
    combinan.
¡Qué vergüenza son los martes con los botes de basura en la frente!
Sin poder contar con un paño blanqueado al sol para cubrirse las
    ventanas

por donde salen los gatos, mediocres reporteros en las esquinas
acuerdan su rutina como si fuera novedosa su tarea de pasear
por los techos de las casas y rozar la cola en la bicicleta con telarañas,

solo para caer de nuevo en la cuenta que los dueños de las casas
    compran
a diario tunas y leche, pollo y latas de champiñones en el supermercado
para la cena que golpea los techos, mientras ellos planean la fiesta en el
    ocaso.

CORTOMETRAJE

Dejas el refugio de mañana
vestida de acuerdo a la estación
y a la moda que te dicta el *Good Will/*

Tu cabello se rebela al sombrero
asomados caracoles acarician
la bufanda a tu paso la calle Mesa/

Tu piel ignorante de lociones
supura delirios reprimidos alguna vez
tratados con *Thorazine Zypexa* hoy *Crozaril/*

Caminas entre voces circulantes
transitas en las vueltas y bajadas
subidas con el carrito que te prestó *Target/*

Tus ojos examinan pertenencias
una muñeca ciega al reciclado
de cubiertos platos vasos del *McDonald's/*

Tu boca cocodrila deshaciéndose
en la lluvia que resbala por tu bultos
encharcados tus pies en casual *Hush Puppies/*

Comes bajo una sombra deshidratada
levantas brazos tomados por auxilio
aceptas limosnas en monedas frente a *Chevron/*

Eres con nombre desconocido *Tic Toc*
personaje principal grabada en *iPhones* a partir
de autos que van desde *Honda* hasta *BMW*
con miles de vistas y empáticos discursos *Instagram*.

DE MUESTRA

basta un botón al rodear
al planchar el lado izquierdo
al seguir siendo mil años al vapor:
un mantis asido
a la bolsa de tu camisa color menta
al mismo color esfumarse en la tarea.

LAVANDERA

¿Irías a ser ciega que Dios te dio esas manos?
VICENTE HUIDOBRO, *ALTAZOR*, *"CANTO II"*

I
Manos que revuelven
al tallar torpes las mañanas
camisas en jabón y lejía.

II
Despiden salitre e inmundicia
temblorosas líneas se abren al cierre
de la puerta y su quejido.

III
De noche ventean sábanas
de tierra compacta donde el afán   la tregua
al insomnio remolinean

HERRUMBRES

La araña de tu pared salió puntual de su esquina polvorienta, cargando un par de espinas deductivas y una madeja de cabello estambre, sigilosa se encaminó a tus pies atados por alas malvas de lechuza, llegó a tu vientre donde una raíz grana lloraba una semilla vacía, esquivó la cicatriz que un gato resentido lamía en tu mano izquierda, entró a tu puño derecho enfundado con cenizas subyugadas, salió y se deslizó a las arenas movedizas de tu pecho, brincó el volcán en alarido de tu cuello, halló un atajo al norte de tus ojos cerrados al mundo y serena se sentó a tejer sobre tu cabeza dormida...

al alba, arrastrando una trenza encadenada, cruzó diligente el puente quebradizo que une tu pared con la mía, escaló mi espalda dolorida y me susurró al oído que sueñas una guerra en el campo de azucenas que te heredaron los grillos de la noche en la taza de café, mientras suspiras el aliento de un duende transparente, levanta la frazada, te desliza un arma de fuego ahogado en arena, la tomas, apuntas y disparas a una parvada de árboles índigos que a tiempo se esconden tras un sol nocturno, y llorando un beso de serpiente, te llueven luciérnagas que mueren contigo al rozar tu frente...

por una tregua, por un abrazo en un nido, por una mirada que de a luz un olivo, *despierta*.

EN CONTEXTO LA MENTIRA

Sé que había una vez un pozo perdido en el desierto.
Pertenecía a una niña   ojos obsidiana   trenzas de oro   piel de nata.
La luna se lo concedió a ella por ser tan lista   tan dócil   tan buena.
La niña debía llenar el pozo con agua de lluvia   líquido puro
que un día ella le daría a un sediento caminante porque   sí   porque era buena.
La niña esperando y llenando todos los siglos del mundo lo hizo,
hasta que una mañana, el sediento caminante apareció y le pidió agua.
Ella, tan benigna.
El caminante bebió   el agua del pozo acabó   y sin gracias dar siguió.
La luna, que todo esto observó, bajó
y premió la obediencia de la niña con una estrella para colocar en su refrigerador.

Por eso,

cuando te pregunté si volverías,

y me dijiste que no podías, pues sin caballo te quedaste en medio del
pasaje, gracias a un inesperado terrible e increíble accidente, que tu
andar se interrumpía, y que por allá te quedarías,

te entendí perfectamente.

ESTAMPIDA

Solo una gota de sangre faltó

para unir nuestros fantasmas

mas

como tu cuerpo congeló los huesos míos

fantasmas

que esperaban a la orilla   de mi boca

la líquida promesa

al escuchar crujir mi esqueleto

aterrados

se esfumaron.

ÁMBAR

En mi trayecto tu presencia   pretérita   perenne
desfila
en la ventanilla
a mil revoluciones
se extiende   morosa
se frena
y tintinea
en la campanilla del vagón
tu hueca sonrisa   vaga respiración   residuo
triste eco ambarino.

CARICIA VAGA

agridulce   confunde   perturba   vaga

en teces doradas   descansa

en la esquina   llora

calores viscosos

en la encrucijada mendiga

cualquier refugio temblando de frío

toca una puerta

canta vestigios

entra y desata   afables goteos al fuego

para volver peregrina

a la acera de enfrente.

HALLAZGO

Entre mantas oxidadas detectas un río errante
desboca en sus ojos
levas el ancla   barquito de papel
navegas   lento   seno   des pla za do
a merced   del viento
          del instinto   alcanzas un suspiro
ingenua
dirijes sucesivos embates entre alteraciones fugaces
para sola vislumbrar sus ojos
anclados al suelo.

ANDANZA

En mis insomnios habitan

apetitos   pruebas de honor.

En mi castillo de sábanas

Campanas   Rocas   y un Arpa

amenizan   la espera.

De un bocado devorar noblezas.

DEMENTE APASIONADA

soy al detectar las entrañas de un reloj pendiente aleteo de mangas cuerdas, el calor del durazno solitario en el frío entumeciéndose penetrando las raíces de la Hortensia, el vaho de trigo recién horneado dibujando apetito en la jarra de cristal, un grano de arena palpitante en la esquina del ropero abierto, al observar despeinada tentación de ropajes sobre la cama deshecha recreo mi distinguida biografía y gusto de ser

doña Juana, la infanta de Castilla y Aragón, archiduquesa de Austria, duquesa de Borgoña y Barbante, condesa de Flandes, reina de Castilla y de León, de Galicia, de Granada, de Sevilla, de Murcia y de Jaén, de Gibraltar, de las Islas Canarias y de las Indias Occidentales, de Navarra y de Aragón, de Nápoles y Sicilia, condesa de Barcelona, señora de Vizcaya en plenitud Juana I de Castilla, una mujer de nombre soy

Juana, La Loca que vuelve Felipe el Hermoso, por tí trozo a punta de cuchillo largas, cortas, rubias, castañas o negras melenas, por mí doy a luz siete veces gozando el dolor, a tí te doy de beber gota a gota leche materna y escarbo en tu espalda la palabra varón, deseo besarte en muerte ofrecerte un latido de vida mía, desquiciada, en mi encierro que no acaba, entre los muros de Torrecillas, arrastro tu cuerpo Felipe Hermoso, andas penando mi nombre de Burgos a Granada.

EN LA ÚLTIMA CENA

duele   la carne cortada a cuchillo

      el vaho rancio del vino

       y unas migas de pan duro.

Duele

      sobretodo

            la gota

            del grifo

                que está por caer.

PARADOJA

Por el silencio entras
al sendero invernal
un par de herrumbres entonan
tu andar preciso
al resol de la vela   La Esperanza
desfallece
la sopla un genio susurrando
la oscuridad es promesa de orfandad.

Temblores helados te desarman
un vientecillo tibio disfrazado
de hada nacarada
te brinda noble amparo mas
desertas
a dos pasos
de escuchar correr conejos en la nieve.

DEVANEOS

DE LA SEQUÍA

En esta ciudad raras veces.

Llovió una vez.

Salí a la calle, salió mi llanto

atorado desde el otoño

cuando solo llovió hojarasca.

Fin de invierno y no llueve.

Mi paso seco se congela por veredas

igual al de los gatos en los tejados de las casas

o el del animal salvaje entre hierba seca de montaña.

Primavera trae significado

para mis ojos húmedos

donde el agua   detenida   espera.

Mas no llueve.

MADRIGUERA

Te veré siendo en la inocencia
disimulada en colores primarios polaroid
sonreirás la media luna de frente
al amarillo pastel ajeno
deseando desapercibida pasar como la liebre
segundos hace hizo por la estepa distante
simulando un rastro fijo en la madriguera.

Valiéndote del mimético rojo, verde y azul
tratarás también de esconderte
en nimias hendiduras
en surcos de codos y rodillas
entre telas poliéster entramadas que despiden
la pobreza capturada en tendederos
varados en la llanura huma de leña matutina
que no sabe o se olvida
que a veces las ropas pueden ser más que cobijos
que a veces esos tristes ropajes de fiesta inopia van.

Así rodando los ojos irás deseando escapar
por entre variados desafortunados zapatos
tan faltos de grasas caricias
como los pequeños que golpean
la piñata estrella persevera ante el arma de madera
y los gritos infantiles que lastiman tus pensares
asidos a los hilos de tu niña corazón
que solo entonces me buscará más allá
como la liebre a la madriguera

pronta te guiaré entre el crujido andar
hasta la frondosa enredadera
y al fin por entre pétalos y varas madreselvas perfumadas
me verás
la pobre perdida inocencia
tal como dicen lo hace Dios.

ARTIST A
CON NECESI DA DES
BARRO
CAS

Ser con lápiz

                    trazarme

ser en blanco
                        y negro

            expresarme

ser en papel

                        poética

ser de barro
        en boca

        pintarme

        hundirme

            el pincel en las aguas de un río bravo.

DESACIERTO

Se necesitan cuatro
dedos de frente
para ver la orilla de cobre en la nubes sobra
el pulgar   vacila   no sabe
enredarse en el cabello   la luz primitiva
pasa desapercibida
sobre el ojo que se jacta
      ser de mente abierta
un umbral antediluviano
creado con niebla.

LA LLUVIA AMARILLA   de nueva cuenta   te dejó
la fachada expuesta   de viejas cicatrices   zanjas
donde las hormigas   prestas   marchan
evitando tu lejana mirada hacia los juncos
allá donde arrimó tu cobriza hojarasca,
la muy burlona   te cuestiona
¿te encontrarán esta estación?
¿tendrás la fascinante sensación
de unos pasos familiares perdidos crujiendo cruzar
          la cerca,
avispar tus muros quemados al sol,
encenderte el interior,
—refugio de sueño era—
o el castigo en leña arderá   entonces   la nueva cuenta
iniciará con el resplandor?

DE MANTELES LARGOS la avenida principal
del mausoleo está
de un sinnúmero
de sacos de harina asidos asimismo con sus hilos
deshilachados en las orillas
de tanto arrastrar
desdichas y desdenes
descomunales en comilonas festejadas
de hartos hurtos huesos
desquebrajados sea
dhieren a los tenedores
desdentados con tan sólo
dos picos corren sobre la mesalarga
desorillada
deseando alcanzar la finalde
díanoche   la carrerade
desgracias muertas   pues   asímismos
desinvitados invitan al otro bulto recién llegado
desenfreno en vino tinto
desangrándose sobre las granadas
desgranadas mientras
desalmados persiguen unos
desertores en vano
de boca en boca claman el hambre frenteal
desfile de cuchillos
desfiladas cruces romanas que no cortan ya
de acero un chiste rojiblanco el cuello
derrodada cuesta abajo la carreta va   quejumbrosa
desprovista ya de cloacas para los manteles largos.

Únicamente en la ENCRUCIJADA
el tiempo late como en lata las piedras de los caminantes.
Solo entonces se preparan con un recóndito suspiro   más de las
   veces empapado
en sueños caducados   ignorantes
como los mismos caminantes ya
desprovistos de suelas
y con una sed que calman enjugándose   las terregosas lágrimas
se tienden bajo sombras ralas
a descontar hojas
en pestañeos vaporosos dormitan
el ritmo del tiempo y su cruel célebre latido
inesperadamente levantándose
con él las rocas.

Así, de frente la encrucijada ven
los caminantes privados de un curso fresco van
no por el mejor sendero sino van
por mero instinto ven
el tiempo rodando van con las rocas.

TORMENTA PRECOZ

En ocasión de milagro acuden
tropas de nubes al eterno ruego del desierto.
Sin duda   tormenta.
Sopla el viento nómada.
Golpeando se cuela por rendijas obstruídas
por miradas turbias que rayan
signos indescifrables en la humedad
apenas deslizándose por ajadas paredes sedientas.
Sinfines de remolinos danzan en el suelo.
Se conjuran con los vientos de todos los marzos.
Trazado el camino a la cima de la duna está ya   mas
viene el sol al hombre
cual conquista interrumpida.

INTERIORES

LLEGADA INESPERADA

Tan tan
Tocan a mi puerta.
Es el naranjo
que dejé plantado
el último verano en el huerto de la abuela.
Se le ve cansado el talante de hojas sueltas.
Caminando hizo rumbo a la estrella norte.
Le ofrezco una limonada, la acepta, lo riego, se sienta.
–Vine para quedarme– dice.
–Pero es el desierto– quiero decir.
Luego todo se nubla.
Por la ventana pasan nubes por caer están en el patio de mi casa,
  sobre la mesa empolvada, sobre el asador, sobre la bicicleta
  desolada, sobre el balón.
–¿Decías? El naranjo por la ventana salta y a la lluvia se entrega.
Yo suspiro hondo
el viejo aliento cítrico del sur.

CUÉNTAME OTRA VEZ

En tu niñez nunca creíste
en palabras adultas
en el ratón que compra dientes
en el gordo de traje rojo y regalos
ni en los niños atrapados
en el costal del vagabundo.

«Mas fue una manzana y no un durazno
la que durmió a Blanca Nieves.»
Me corregiste una noche al leerte.

CUANDO NIÑOS

La mesa en tinieblas
esperaba en vano
un mantel brocado   blanco
jugo de naranja   leche   mantequilla
Nada había   dices

Mas yo digo   cuando niños
la mesa en tinieblas
se vestía en silencio
una manta   blanca
y al amanecer   café   pan blanco
y nuestras palabras: No digas nada, nos vamos a navegar,
                      rescataremos a la princesa, a casa la
                      traeremos, la sopa de mamá se comerá,
                      la escondemos en el ropero; no, en la
                      alacena; no, mejor en el solar…
en mares   estrellas   en barcos
tú capitán   yo marinera
sobre la mesa   en migajas
todo había, hermano.

FALDA DE PESCA

Jueves por la mañana   Tú
Corona   frente a la pandilla.
Arandela de hermanos   primos   amigos:
Pantalones   adelante al río.

Atrás   afuera   la niña
la Falda   Yo   apuro el paso   te persigo
entre espinas de ocotillos.

Papá   espérame
te alcanzo   te quiero   también eres mío.

Tarde   siempre llego   tarde
con la pandilla te has lanzado al río.

Papá   óyeme   te espero   te quiero   también eres mío.

Sales del río a la pesca
y   antes que ninguno
tomo a tiempo el carretillo
el pan   el hilo lanzo
y espero   tus ojos   nadan en el río.

Pica   jalo   pesco
Y espero   tus ojos   nadan en el río.

Mas los llamas   Papá   a ellos.
Los Pantalones   salen del río

pasan de largo la Falda
cierran de nuevo el círculo.

Afuera   Yo   espero tus ojos   adentro
Tú   Corona   de triunfo   los miras   a ellos
sobre el pescado   divertido entonces   ya no espero
entro en tu círculo   y a los ojos te digo
momento   el pescado es mío.

SOY DE MARZO

del frío tardío
del cierzo
de las siete horas
de todos los amaneceres.

Madre   mírame   aún espero

antes que el reloj
                    me despiertes   me beses
antes del café   me tomes   me abraces
antes de las siete   te sientes   me veas
al sol por la ventana.

Tú   adentro   al pensamiento.
Yo   afuera   entre semillas   me estremezco.

Mamá   soy de marzo   aún tengo frío.

VIDEOEFECTO

Se le encuentra asomado
frente a la ventana.

La computadora duerme
   soñará de él sus ansias
en una nueva página
el avatar corre por un campo de amapolas
lo persiguen sucesivas flechas lanzadas
por dedos robóticos desde el teclado
se detiene   abre los brazos   se confunde
imitando la postura del espantapájaros.

En la ventana el joven mirando
un palomo indeciso en la rama del árbol.

NATALIA

Tus ojos recién nacidos a la sombra

de los míos miraban

entre aire la luna asomada

al cuarto casi en penumbras

la lámpara pequeña   como tú

como yo contigo en brazos

adivinando preguntas

de tu mirada que vuelve

a verme de pie antes de irte

diminuta de nuevo siento

la sombra de mis ojos

tras la puerta sigo sin saber

por qué no duermes

noches de viento

oscilando me encuentro

sola

queriendo arrullarte.

TESONERA

de miradas incautas las manos
salta de la cama con la caja maltratada
bajo el brazo al patio
escucha a la madre hacendosa en la cocina
un mes de batalla nos espera.

Bajo el nogal al viento saca tijeras
goma   dos varas en señal de la sacra cruz
trozos del periódico de ayer
un carrete de hilo y
¡Corre que te alcanzo!

Viento benévolo en un instante cruel.
Papalotes en picada al árbol.

Con cabellos intrincados e impacientes
tez árida
manos ajadas en cuchara a solas
frente a la ventana come la mujer
sopa de lentejas mientras ve
el árbol cubierto con periódicos de ayer.

PARAJE

Varada estoy en la estación
de un estado huérfano
bajo el asiento   frenética
gira la manecilla izquierda *tic toc tic toc*
caballos desbocados al vitral
piedras preciosas perturban
rebotan   en el techo
ramas de encino rastrean
      el goteo   risa en pétalos
de un ayer en punto:
una niña intacta me sonríe
desde el espejo de enfrente.

EL CONEJO EN LA LUNA

Vino tinto cuerpo fragante en mano

la vigilia en sofá infecto de manías.

Viento en contra rompe la ventana

juega rondas con la cama

sopla al mustio gato

acaricia la copa

alborota las campanas

susurra notas agudas a las arañas.

Amanece.

Gracias al cielo

intacto sigue el conejo en la luna.

A ESCONDIDAS

Nature likes to hide itself
HERÁCLITO

en pastilla jabón violetas
en agua la sal menta
en ramas de roble
          rasguñando la ventana
en la cortina vapor limón
en toalla mansa al gancho
en incienso la canela
          delineando va siluetas
en la orilla de la tina
          mordiendo una manzana
desnuda
se asoma
mi natura.

ÍNDICE

FRONTERIZA/BORDER WOMAN

CULPAS

ANOTACIONES DOMÉSTICAS

HERRUMBRES

DEVANEOS

INTERIORES